CB127017

Quem é este homem que diz ser Deus?

ESTUDO BÍBLICO DA SÉRIE *DESCOBRINDO A PALAVRA*

Para grupos ou estudo individual

Ninguém discutiria sobre a identidade de pessoas como Lincoln, Michelangelo ou Aristóteles. Todos são incontestáveis e marcam presença nos livros de história. Mas o homem chamado Jesus é diferente. Se você fizesse uma pesquisa nas ruas sobre Ele, obteria respostas diferentes entre si em número equivalente ao de olhares de estranhamento. Jesus não é conhecido pelas coisas que geralmente tornam as pessoas famosas. Ele não fazia parte da política, do mundo de negócios ou de publicações. Sua habilidade estava no que geralmente chamamos de religião — Ele sabia muito sobre Deus. Na verdade, Ele afirmava ser Deus. Mas quem é Ele? Este livreto de Dave Branon foi escrito para ajudá-lo a descobrir quem a Bíblia diz que Ele é.

—Mart DeHaan
Ministérios RBC

Este guia de estudos bíblicos baseia-se no livreto da série *Descobrindo a Palavra* de Ministérios RBC, *Quem é Este Homem que Diz Ser Deus?* Com aproximadamente 80 títulos traduzidos para a língua portuguesa, esta série de estudos aborda uma variedade de assuntos contemporâneos que retratam a caminhada cristã à luz de uma perspectiva bíblica. Estes livretos de 32 páginas são um manancial de recursos para obter discernimento em seu estudo da Palavra de Deus. Descubra mais sobre estes livretos acessando o site www.pulicacoesrbc.com.br

Dave Branon, membro da família de Ministérios RBC, é também um dos escritores do *Pão Diário* e da série *Descobrindo a Palavra*.

Editora:	Ministérios RBC
Editor Administrativo:	Dave Branon
Editores:	Alyson Kieda, Rita Rosário
Tradução:	Elisa Tisserant de Castro
Revisão:	Thaís Soler
Projeto Gráfico:	Alex Soh, Tham Mary, Audrey Novac Ribeiro
Guia de Estudos:	Dave Branon, Sim Kay Tee
Foto da Capa:	Terry Bidgood

Exceto se indicado o contrário, as citações bíblicas são extraídas da Edição Revista e Atualizada de João F. de Almeida © 1993 Sociedade Bíblica do Brasil.

O texto inclui o acordo ortográfico conforme Decreto n.° 6.583/08.

© 2012 Ministérios RBC. Todos os direitos reservados. Pedidos de permissão para usar citações deste livreto devem ser direcionados a: permissao@publicacoesrbc.com

ministérios rbc

Código: VU999

ISBN: 978-1-60485-658-3

Impresso no Brasil • Printed in Brazil

1.ª edição: 2012 • 2.ª impressão: 2013

Sumário

Como usar

GUIA DE ESTUDO BÍBLICO DA SÉRIE *DESCOBRINDO A PALAVRA*

O propósito

Os estudos bíblicos da série *Descobrindo a Palavra* oferecem ajuda para pastores e líderes leigos utilizarem em discipulado. Contém lições adaptadas dos livretos da série *Descobrindo a Palavra* de Ministérios RBC e estão incluídos alguns artigos das páginas do livreto devocional *Pão Diário*. Esta série utiliza o método indutivo de ensino para ajudar os cristãos a compreenderem melhor a Bíblia.

O formato

LEITURA: Cada caderno de estudo é dividido em lições. Para cada lição, o leitor encontrará um aspecto no qual poderá aprofundar-se melhor. Cada estudo inclui a seção ENFOQUE e UM POUCO DE TEOLOGIA que ajudará a meditar sobre o material. Estas seções podem ou não ser utilizadas como início de discussão para sessões em grupos.

QUESTIONÁRIO: ao final da leitura há um GUIA DE ESTUDO que ajuda o leitor a refletir sobre o assunto proposto. Se você for o líder de um grupo de estudo, peça a cada participante para estudar o guia de estudo antes do encontro. Não se sinta obrigado a completar todas as perguntas, permita que o interesse dos participantes oriente o curso da discussão. Planeje um estudo de 45-50 minutos. As perguntas são adequadas para estudo individual ou em grupo. Confira a seguir as partes deste guia de estudos.

PARA MEMORIZAR: uma passagem bíblica que enfatiza uma verdade divina, de fácil memorização.

QUEBRA-GELO: uma pergunta de interesse geral para favorecer a discussão (em grupo) ou a contemplação (individual).

REFLEXÃO: perguntas que ajudarão o grupo ou o aprendiz a interagir com a leitura. Estas perguntas facilitam a compreensão de conceitos críticos.

UM PASSO ADIANTE: um estudo indutivo de uma determinada passagem das Escrituras, lembrando o grupo ou aprendiz sobre a importância desta como autoridade final.

APROFUNDAMENTO: há dois segmentos nesta fase: O item REFLETIR sugere maneiras de comparar as ideias da lição com ensinamentos em outras partes da Bíblia. O item APLICAÇÃO desafia o grupo ou aprendiz a praticar o ensinamento em seu dia a dia.

***PÃO DIÁRIO*:** Ao término das seções do guia de estudo bíblico, o leitor encontrará um artigo do *Pão Diário* relacionado ao tópico em estudo. Você poderá usá-lo para posterior reflexão ou como introdução para um momento de oração.

Para outras sugestões sobre o uso do estudo bíblico da série Descobrindo a Palavra, *utilize o guia do líder e do aprendiz na página 53.*

1

Difícil de acreditar, mas essencial

Muitas pessoas observam as páginas escuras da história e enxergam uma imagem obscura de Jesus. Elas ouviram sobre Sua afirmação feita há dois mil anos em que declarou ser Deus, mas não acreditam realmente nela; têm dificuldade em aceitar a ideia de que um carpinteiro de uma pequena cidade judia poderia ser o criador do mundo. Preferem acreditar em outras teorias menos sensacionais sobre Ele.

Em que alguns acreditam

Jesus é um homem que alcançou coisas incríveis. Entre os grupos que se apegam a essa ideia está a Igreja de Jesus Cristo dos Santos dos Últimos Dias — os Mórmons. Ensinam que Jesus era um espírito preexistente, porém, acreditam o mesmo em relação a qualquer pessoa. Dizem que Jesus se distingue não pelo fato de que Ele era Deus, mas sim porque que era o filho-espírito primogênito de Deus.

"Jesus, literalmente o Filho de Deus e eterno Pai. Jesus Cristo é o primeiro filho espiritual de Deus" (*Doutrinas do Evangelho,* Manual do Aluno). Na doutrina mórmon, Satanás também é filho espiritual de Deus, portanto irmão de Jesus.

Jesus é um ser criado que recebeu o *status* de segundo em comando. As Testemunhas de Jeová consideram Jesus como "um deus, mas não o Deus Poderoso, que é Jeová" *Let God Be True* (Deixe Deus ser Verdadeiro). Em vez disso, dizem que Jesus é "um indivíduo criado" que "é a segunda maior personagem do universo" *Make Sure Of All Things* (Certifique-se de Todas as Coisas).

Jesus é um homem não melhor do que nós. "Está claro que Jesus não é o próprio Deus" *Divine Principle* (Princípio Divino). Estas palavras de Sun Myung Moon explicam claramente a visão de sua Igreja da Unificação. Ensina-se que o valor de Jesus não é maior do que o de qualquer outro homem. Aqueles que seguem a teologia de Moon dizem que a obra de Jesus foi um fracasso.

A existência de Jesus começou em Sua concepção. *The Way International* (O Caminho Internacional) ensina essa ideia. Em sua reinterpretação da instrução bíblica, afirmam: "A existência de Jesus começou quando ele foi concebido por Deus criando a alma de Jesus em Maria" Victor Wierwille, *The Word's Way* (O Caminho da Palavra).

Jesus é um profeta e mensageiro de Deus. De acordo com os princípios do Islamismo, "Jesus... foi apenas um mensageiro de Alá" (*Alcorão*). Este grupo também diz que Ele era um profeta sem pecado que nunca alcançou a grandiosidade do profeta *Muhammad.*

Jesus é menos do que a maioria das pessoas pensa que Ele é. Aqueles que adotam o ateísmo têm uma visão pequena de Jesus. Alguns não podem aceitar colocar Jesus num patamar tanto quanto alguns notáveis do passado como Buda ou Sócrates. Bertrand Russell, famoso defensor do ponto de vista ateu, disse, "Não consigo sentir que Cristo, na questão de sabedoria ou na questão de virtude, esteja tão à altura de algumas pessoas conhecidas na história" *Why I Am Not A Christian* (Por que não sou Cristão).

Jesus é um grande mestre da moral. Algumas pessoas não rejeitam tudo na obra de Jesus na terra, ainda que rejeitem Suas alegações de deidade. William

Channing da Igreja Unitária disse: "Cristo foi enviado à terra como um grande mestre da moral e não como um mediador."

Jesus é um médium místico. Os pensadores da Nova Era consideram Jesus como um guia de autorrealização. Nesta circunstância, Jesus seria visto como um canal — um dos muitos patriarcas que dão aos partidários da Nova Era um *vislumbre* do passado. Eles afirmam que por meio de encarnações anteriores, Jesus atingiu um nível de pureza que todos podem alcançar.

Jesus é uma projeção de nossas necessidades. Alguns sentem que a única razão de Jesus ter alcançado grande importância é que os humanos precisam de alguém como Ele em quem se apoiar. Carl Jung, famoso psicólogo e psiquiatra suíço, disse que Jesus é "o herói de nossa cultura que, apesar de Sua existência histórica, personifica o mito do homem divino".

Uma coisa é certa: alguém está errado! Estas pessoas não podem todas estar certas em relação a Jesus. Ele não pode ser exatamente quem todas estas pessoas dizem que Ele é. Muitos que acham que sabem, não sabem. Se Jesus é apenas um profeta ou um médium, então aqueles que insistem que Ele é Deus estão errados. Se, por outro lado, Jesus é Deus, então aqueles que insistem que Ele é apenas um homem excepcional estão errados. Alguns podem querer um meio termo. Na ciência e no jornalismo investigativo buscamos a verdade apaixonadamente. Por que seria diferente neste assunto tão importante?

Por que isto é tão importante?

A maioria das pessoas é liberal em suas descrições elogiosas e nomes para Jesus. Ele recebeu títulos tão nobres como "a segunda maior pessoa do universo," "um profeta de Deus," "um grande mestre da moral," "um homem santo," "tocado por Deus mais que qualquer outro". Quem não ficaria entusiasmado se o seu líder fosse considerado em termos tão elevados? Que grupo ficaria insatisfeito com este tipo de respeito e louvor por seu fundador?

Os cristãos são um desses grupos. Os seguidores de Jesus não ficam satisfeitos com esses termos. Para eles, não é suficiente que Jesus seja considerado uma das maiores figuras da história. Os cristãos sentem que há mais em Jesus do que ser visto por milhões como um ser humano exemplar ou até mesmo o maior homem que jamais viveu. Eles acham que os nomes "mestre da moral" e "profeta" não são abrangentes o suficiente. Não, os cristãos insistem em mais uma designação para Jesus — uma em que a plenitude do cristianismo repousa, e no entanto, aquela que atira um obstáculo no caminho de muitos que possam considerar segui-lo.

Os seguidores de Jesus insistem não apenas em chamá-lo de Messias e Salvador, mas também Senhor e Deus. Mas, por quê? Qual a importância desta designação para Jesus? Não podemos simplesmente aprender com Suas declarações sábias, admirar Sua boa vida e parar por aí? É tão vital assim levantarmos a questão sobre Ele ser Deus ou não?

De modo interessante, a deidade de Jesus talvez seja a pergunta mais importante a ser respondida sobre o cristianismo. Por quê? Porque Jesus disse que era Deus. Como veremos, Ele declarou Sua deidade em muitas ocasiões enquanto vivia entre Seus companheiros cidadãos israelenses. Sem temer as ramificações e sem considerar o ceticismo de Sua plateia, Jesus não deixou dúvida nas mentes de Seus ouvintes sobre estar declarando ser Deus.

Isso nos deixa com um dilema. Não podemos confiar na palavra de alguém que disse ser o Deus Todo-poderoso, independente das boas obras que fez ou da sabedoria que apresentou, a não ser que realmente seja Deus. Caso contrário, esta pessoa deveria merecer apenas nossa piedade, preocupação e compaixão. Um homem que afirmasse ser Deus sem o ser, definitivamente não mereceria nossa adoração, admiração e imitação.

Então qual é a grande questão? A questão é que se Jesus não é Deus, Ele não pode ser um exemplo, um mestre sábio, um líder moral ou até uma pessoa histórica importante. Fornecer a prova de que Ele é Deus é a maior questão no mundo. E é isso que este estudo pretende demonstrar.

Não podemos nos satisfazer com nossas ideias individualistas sobre quem Jesus é. Não podemos nos satisfazer com nada menos do que a verdade. Como veremos, nosso destino eterno depende de como respondemos à pergunta, "Quem é este homem que diz ser Deus?"

Guia de estudo 1

Difícil de acreditar, mas essencial

leia as páginas 6–9

Entender como outros veem Jesus e como é essencial que saibamos quem Ele verdadeiramente é.

PARA MEMORIZAR
João 10:33
Responderam-lhe os judeus: Não é por obra boa que te apedrejamos, e sim por causa da blasfêmia, pois, sendo tu homem, te fazes Deus a ti mesmo.

Quebra-gelo

Você já conversou com alguém que não pensa que Jesus é Deus? Que argumentos as pessoas gostam de usar para sustentar seus pontos de vista sobre Jesus? ____________________

Reflexão

1. Que argumento você tem para a citação, "tudo o que aconteceu com Ele pode acontecer a qualquer um de nós"? Alguma das outras explicações sobre Jesus nas páginas 6 a 8 parecem razoáveis para você? Explique. ____________________

2. Examine a afirmação popular, "Cristo foi enviado à terra como um grande mestre da moral" (p.8). Por que esta afirmação não é logicamente verdadeira se Ele não é Deus? ____________________

3. Dave Branon afirma que "a deidade de Jesus talvez seja a pergunta mais importante a ser respondida sobre o cristianismo" (p.9). E por quê? O que ele quer dizer quando afirma que a deidade de Jesus "nos deixa com um dilema" (p.9)? ____________________

Um passo adiante

Aplicação

Veja João 1:1. Considere o que este versículo diz sobre a deidade de Jesus. ____________________

Em João 5:18 lemos que as pessoas que observavam Jesus achavam que Ele falava blasfêmias. O que Ele disse que os fez pensar assim? ____________________

Aprofundamento — Leitura: João 10:24-30

1. Por que os judeus foram até Jesus buscando esclarecimento sobre Sua verdadeira identidade? (v.24).

2. O que Jesus quis dizer quando respondeu, "...As obras que eu faço em nome de meu Pai testificam a meu respeito"? (v.25). De que obras Jesus estava falando? Como as obras de Jesus testificam a respeito de quem Ele é?

3. O que Jesus quis dizer quando afirmou, "Eu e o Pai somos um"? (v.30). Que afirmação Jesus está fazendo aqui? (Deuteronômio 6:4)

24Rodearam-no, pois, os judeus e o
interpelaram: Até quando nos dei-
xarás a mente em suspenso? Se tu és
o Cristo, dize-o francamente.
25Respondeu-lhes Jesus: Já vo-lo
disse, e não credes. As obras que eu
faço em nome de meu Pai testificam
a meu respeito. 26Mas vós não cre-
des, porque não sois das minhas
ovelhas. 27As minhas ovelhas
ouvem a minha voz; eu as conheço,
e elas me seguem. 28Eu lhes dou a
vida eterna; jamais perecerão, e
ninguém as arrebatará da minha
mão. 29Aquilo que meu Pai me deu
é maior do que tudo; e da mão do
Pai ninguém pode arrebatar. 30Eu e
o Pai somos um.

Momento de oração

Na página seguinte, utilize o artigo do *Pão Diário* como guia para o devocional e momento de oração, relacionando o tema com Jesus.

Refletir

Há alguém em sua vida que não entende a verdade da deidade de Jesus? O que você aprendeu até agora que pode ajudá-lo a conversar sobre Jesus com essa pessoa?

O que significa para você como cristão ter a certeza de que Jesus é igual a Deus? (Filipenses 2:6).

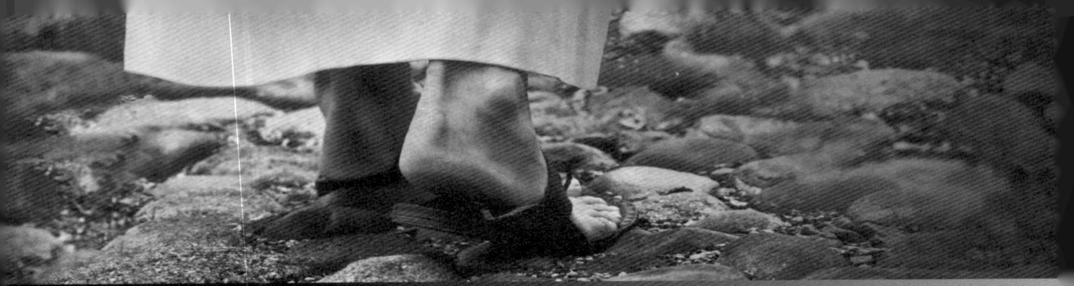

Quem é este Jesus?

Jesus Cristo revela o coração de Deus. Ele não é simplesmente como Deus; Ele possui em totalidade todos os Seus atributos divinos (Colossenses 1:19). Achamos difícil conceber um Espírito Todo-poderoso, mas podemos muito facilmente nos relacionar com Jesus Cristo, o Deus-homem de carne e osso.

Certa vez, um pregador conheceu um membro de uma seita que desafiou seu ponto de vista sobre a deidade de Cristo. "Você diz que Jesus Cristo é um com o Pai eterno, mas Ele não pode ser, pois nenhum filho é mais velho do que aquele que o gerou." O pregador pensou por um momento e em seguida respondeu, "Você mesmo acabou de chamar Deus de Pai eterno. Você já pensou bem nesta declaração? Você não percebe que Deus só pode ser o Pai eterno se Ele tiver um Filho eterno? Se você repensasse sua posição à luz das Escrituras, veria que a Paternidade eterna exige uma Filiação eterna!"

A deidade do Salvador é ensinada por toda a Bíblia. O anjo Gabriel proclamou-a para Maria (Lucas 1:35), e João Batista a anunciou para Israel (João 1:34). Os demônios a conheciam, pois exclamaram em Mateus 8:29, "...Que temos nós contigo, ó Filho de Deus!..." O discípulo Tomé a confirmou. Ele duvidou da ressurreição até que o Salvador ressurreto o confrontou. Em seguida exclamou: "...Senhor meu e Deus meu!" (João 20:28). Quem é esse Jesus? Ele é Deus encarnado. Você acredita nas passagens bíblicas que declaram Sua deidade absoluta?

—Henry Bosch

COLOSSENSES 2:9

...porquanto, nele, habita, corporalmente, toda a plenitude da Divindade.

Acesse *Pão Diário*: **www.ministeriosrbc.org**

2

O que o Antigo Testamento diz

A palavra "comprove" pode bloquear o caminho de qualquer pessoa que tente sustentar a verdade de uma declaração. Se um conceito não pode ser comprovado pela evidência, não é digno do tempo necessário para ser explicado. A chave para encontrar a evidência necessária está em encontrar uma fonte confiável e fidedigna. Sem uma fonte sólida, o inquiridor fica com opiniões e mais nada.

É nisso que a crença de que Jesus é Deus se fortalece. A Bíblia — fonte dessa ideia é um livro digno de confiança. Pesquisas arqueológicas intensas demonstram que a Bíblia é fidedigna em questões históricas e geográficas. As Escrituras foram examinadas por eruditos durante quase dois mil anos e foram declaradas confiáveis. Elas são endossadas por mais manuscritos encontrados do que qualquer outro documento da antiguidade. Todas essas evidências externas nos fornecem a confiança suplementar neste livro em que Deus deu Sua revelação divina à raça humana. A deidade de Cristo é um conceito em que se pode confiar porque vem de fonte fidedigna.

À luz disso, faz sentido que vejamos o que a Bíblia diz sobre a identidade de sua figura central. Faz sentido que sigamos essa evidência até sua conclusão. Se não estivermos dispostos a aceitar o que Jesus disse sobre si mesmo, não faz sentido, todavia, confiar na descrição que a Bíblia faz de Jesus como um mestre enviado de Deus.

Se a Bíblia é um livro confiável e sua mensagem tem sido miraculosamente preservada para nós através dos séculos, podemos acreditar que ela é uma valiosa fonte para descobrirmos sobre aquele que a preservou. Vejamos o que a Bíblia diz sobre o fato de Jesus ser Deus.

As alegações do Antigo Testamento

A Bíblia não tenta enganar os leitores do Novo Testamento com uma nova mensagem. Não, a ideia de que um Messias visitaria a terra não é uma surpresa para ninguém familiarizado com o Antigo Testamento. Havia muitos sinais desde os profetas de que isso aconteceria. Na verdade, há muitos fatos específicos sobre a vida do Messias preditos no Antigo Testamento que foram cumpridos por Jesus. O quadro que veremos na página 16 nos dá apenas uma amostra.

Está claro que a vinda do Messias era um acontecimento esperado no calendário religioso dos dias pré-cristãos. Mas há algo mais. Os escritos sagrados da era do Antigo Testamento falam não apenas de um Messias que viria, mas também afirmam que Ele viria com uma qualidade ausente em qualquer outro homem. Ele seria Deus. Três versículos do Antigo Testamento se destacam como prova de que Jesus — o Messias preanunciado divinamente — seria o Deus encarnado. Uma análise melhor destas passagens nos apresentará claramente a esta verdade essencial.

ISAÍAS 7:14

"...eis que a virgem conceberá e dará à luz um filho e lhe chamará Emanuel." A chave para ver esse versículo como um prenúncio da vinda de Jesus como Deus encarnado está no nome *Emanuel*. A palavra significa literalmente "Deus conosco". Certamente deve ter sido misterioso para aqueles que ouviram esta profecia. Seria difícil entender o conceito de que este *Filho* seria Deus em carne.

Com a revelação adicional do Novo Testamento (Mateus 1:21-23), podemos entender o que eles não podiam. Podemos ver com antecedência o plano de Deus de visitar a terra, não somente por meio de um porta-voz e salvador, mas por meio daquele que seria literalmente "Deus conosco". Mas e o ponto de vista do Antigo Testamento? Que outras evidências podemos encontrar?

ISAÍAS 9:6

"Porque um menino nos nasceu, um filho se nos deu; o governo está sobre os seus ombros; e o seu nome será: Maravilhoso Conselheiro, Deus Forte, Pai da Eternidade, Príncipe da Paz." Olhando para trás, podemos ver mais uma vez uma incrível profecia em perspectiva. O profeta do Antigo Testamento diz a todos que reconhecem Jesus como sendo este Messias, que Ele não seria apenas um governante, mas seria também "Deus Forte".

Este é o mesmo termo e a mesma construção gramatical que o profeta usou em Isaías 10:21 ao dizer que "...os restantes de Jacó" se converterão ao *Deus Forte*, o que nos deixa com apenas duas possibilidades. Primeiro, o profeta poderia estar nos relatando que outro "Deus Forte" viria — dando ao mundo dois deuses. No entanto, isso contradiria outros versículos como Isaías 45:22, que diz, "Olhai para

ENFOQUE

"Quando dizemos que Jesus é Deus, não estamos simplesmente afirmando que o Senhor Jesus era um homem especialmente bom, ou que tenha se tornado divino, ou até mesmo que era semelhante a Deus em natureza e caráter. Ao invés disso, cremos que Ele é a deidade absoluta, e o adoramos, o honramos e o amamos como nosso Deus e Salvador. Cristo não foi apenas um incrível homem da história, era também o Deus da eternidade. E como tal, Ele é igual em todas as formas com o Pai."

—Richard DeHaan

PROFECIAS DO ANTIGO TESTAMENTO SOBRE JESUS

PROFECIA	REFERÊNCIA	CUMPRIMENTO
Nascido de uma virgem	Isaías 7:14	Mateus 1:23
Nascido em Belém	Miqueias 5:2	Mateus 2:5
Encontrado no Egito	Números 24:8	Mateus 2:15
Curou muitos	Isaías 53:4	Mateus 8:16
Crucificado	Isaías 53:12	Mateus 27:38
Nenhum osso quebrado	Salmo 34:20	João 19:33-36

mim e sede salvos, vós, todos os limites da terra; porque eu sou Deus, e não há outro." E essa contestação de um sistema de dois *Deuses* nos deixa com outra conclusão. O Jeová que Isaías e seu povo adoravam e o Filho-Criança que nasceria e seria chamado *Deus Forte* teriam que ser o mesmo.

MIQUEIAS 5:2

"E tu, Belém-Efrata, pequena demais para figurar como grupo de milhares de Judá, de ti me sairá o que há de reinar em Israel, e cujas origens são desde os tempos antigos, desde os dias da eternidade."

Viver para sempre. É uma ideia que intriga a todos nós, mas é impossível alcançá-la. Ainda que seja verdade que nossas almas viverão para sempre, ninguém pode declarar ter estado com Deus antes do começo do mundo. Ninguém além de Jesus. Miqueias não previu simplesmente que Jesus nasceria em Belém, mas também revelou que este que "...há de reinar em Israel..." compartilhou dos concílios de Deus desde a eternidade. Como isto prova a deidade de Jesus? Se apenas Deus existe desde a eternidade e Jesus existe com Ele, então, Jesus tem que ser Deus.

Claramente, todos que reconhecem Jesus como Messias, reconhecem que algo incrível aconteceu quando Jesus surgiu em cena. E por último, Ele cumpriu profecias de modo miraculoso. Um pesquisador que analisou apenas oito dos prenúncios do Antigo Testamento sobre Jesus chegou à seguinte conclusão: "A chance de que qualquer homem pudesse ter cumprido todas as oito profecias é de uma em 100 sextilhões."

Se pudermos confiar na veracidade das informações sobre a chegada de Jesus neste planeta, poderemos certamente confiar nestas profecias quando usam designações e títulos para indicar que Jesus o Messias é Deus.

Guia de estudo 2

O que o Antigo Testamento diz

leia as páginas 13–17

PARA MEMORIZAR
Isaías 7:14
"...eis que a virgem conceberá e dará à luz um filho e lhe chamará Emanuel."

Para reconhecer que o Antigo Testamento revela Jesus.

Quebra-gelo

Quando você é confrontado com informações sobre as quais é cético, o que é necessário para que você seja convencido de que isto é verdadeiro ou falso? ____________

Reflexão

1. Dave Branon escreve, "A deidade de Cristo é um conceito em que se pode confiar porque vem de fonte fidedigna" (p.14). O que isso quer dizer? Qual é o melhor argumento que você conhece para a credibilidade da Bíblia? ____________

2. Na página 14 lemos, "Três versículos do Antigo Testamento se destacam como prova de que Jesus — o Messias preanunciado divinamente — seria o Deus encarnado". Como você prova que Jesus era Deus a partir de Isaías 7:14; 9:6 e Miqueias 5:2? ____________

3. Considere a citação do pesquisador na página 16: "A chance de que qualquer homem pudesse ter cumprido todas as oito profecias é de uma em 100 sextilhões." Como o cumprimento perfeito das profecias do Antigo Testamento prova que Jesus é Deus? ____________

Um passo adiante

Aplicação

Muitas passagens do Antigo Testamento revelam Jesus como Deus. Como estas passagens do Antigo Testamento e seus cumprimentos no Novo Testamento demonstram a deidade de Cristo?

a. 2 Samuel 7:12-13, Jeremias 23:5-6 (Lucas 1:31-33; Mateus 2:1-2) ____________

b. Salmo 110:1 (Mateus 22:42-46) ____________

Aprofundamento — Leitura: Isaías 9:6,7

1. No versículo 6, Jesus é chamado de menino e Filho. Quais são os dois nomes neste versículo que falam de Sua deidade? Explique.

2. O versículo 7 apresenta características de Jesus que indicam que Ele é Deus. Quais são estes atributos divinos?

3. Contraste o reino de Jesus — um descendente do rei Davi (v.7) — com os reinos de Judá e Israel.

6Porque um menino nos nasceu, um
filho se nos deu; o governo está sobre
os seus ombros; e o seu nome será:
Maravilhoso Conselheiro, Deus
Forte, Pai da Eternidade, Príncipe
da Paz; 7para que se aumente o seu
governo, e venha paz sem fim sobre
o trono de Davi e sobre o seu reino,
para o estabelecer e o firmar median-
te o juízo e a justiça, desde agora e
para sempre. O zelo do Senhor dos
Exércitos fará isto.

Momento de oração

Na página seguinte, utilize o artigo do *Pão Diário* como guia para o devocional e momento de oração, relacionando o tema com Jesus.

Refletir

Quando você pensa em Jesus, você normalmente pensa nele como Deus ou não? Para você, de que maneira isso deveria mudar?

Como podemos adorar, honrar e amar melhor Jesus como Deus e Salvador, da maneira como Richard DeHaan sugere? (p.15).

Parcialidade

As palavras de Tomé no texto de hoje comovem profundamente. Quando ele estava plenamente convencido de que Jesus havia ressuscitado da sepultura, exclamou para seu Mestre, "...Senhor meu e Deus meu!". Observe que Jesus não renunciou tais títulos nem recusou a reverência. Ele também não repreendeu Tomé por dirigir-se a Ele como Deus. Se Ele não desejasse que Seus seguidores o adorassem, certamente esta teria sido uma ocasião na qual Ele poderia tê-los corrigido.

Seus seguidores entenderam Sua identidade singular e até mesmo Seus inimigos viram claramente a implicação de Suas palavras. Quando Jesus referiu-se a Deus como Seu Pai, todos, ainda mais "...procuravam matá-lo..." porque entenderam que Ele estava "...fazendo-se igual a Deus" (João 5:18). Em outra ocasião tentaram apedrejá-lo. E qual foi a explicação? "...sendo tu homem, te fazes Deus a ti mesmo" (10:33).

Quem é Jesus? Seus discípulos o reconheceram como o divino Filho de Deus. Seus difamadores também compreenderam Sua alegação de deidade. Os primeiros reagiram com amor e adoração; os últimos com hostilidade e descrença. As pessoas não podem ser imparciais com relação a Jesus.

Se em seu coração você pode dizer a Ele, "...Senhor meu e Deus meu!", alegre-se em conhecer o Deus vivo e verdadeiro.

—Henry Bosch

João 20:28

Respondeu-lhe Tomé: Senhor meu e Deus meu!

■ Acesse *Pão Diário* em **www.ministeriosrbc.org**

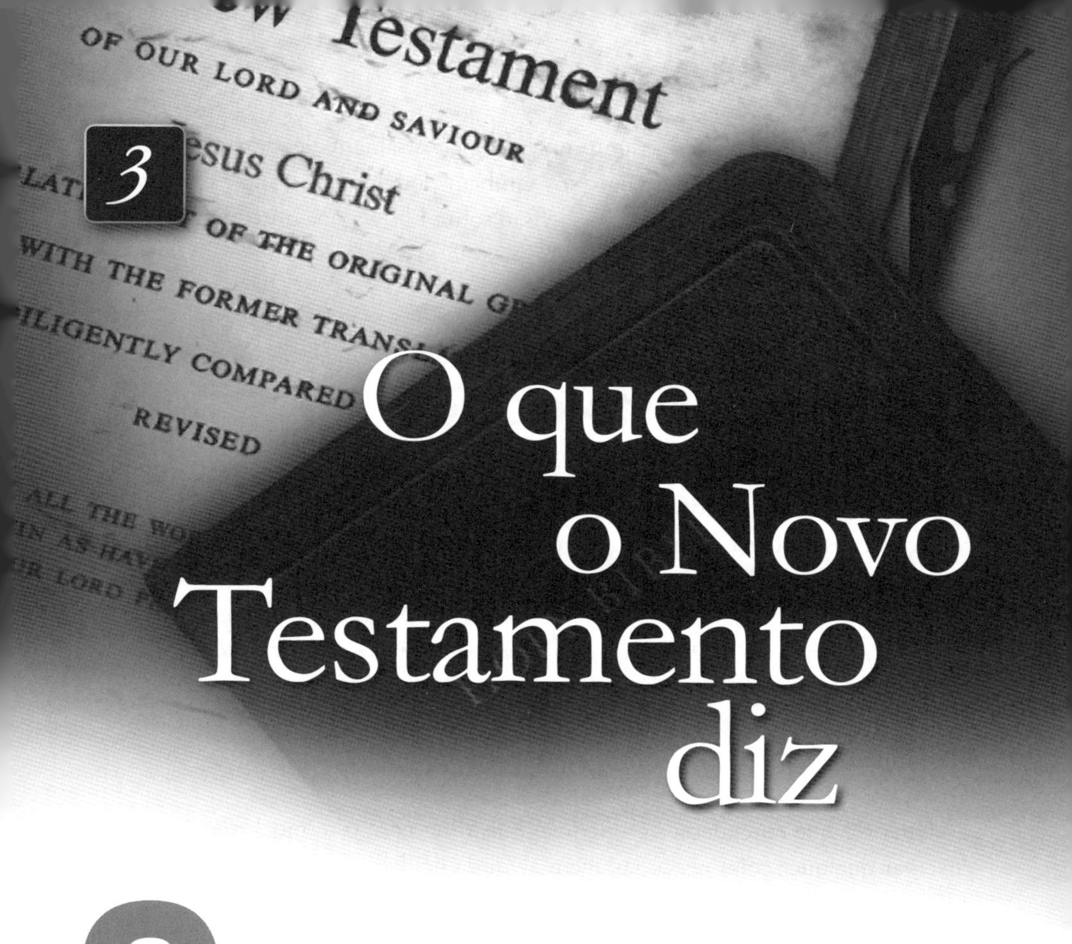

3

O que o Novo Testamento diz

O Novo Testamento é o livro de Jesus que começa com Sua árvore genealógica e finaliza com Seu triunfo futuro. Entremeio, estão os extraordinários relatos de Sua vida, morte, ressurreição, ascensão e Sua aclamação. Mas quem é este Homem? Será que o Seu livro verdadeiramente nos mostra? Podemos confiar no registro? Com certeza Ele curou os doentes, mas não seria Ele apenas um vendedor de algo miraculoso e uma pessoa muito bem relacionada? Com certeza Ele alimentou os famintos, mas não seria Ele um mágico prestidigitador, bom ilusionista? Com certeza Ele encantou as multidões, mas não seria Ele nada mais que um *superstar* da antiguidade?

Para descobrir, precisamos ver por detrás das histórias do que Jesus fez. Precisamos descobrir o que aquelas pessoas que o observaram diziam sobre Ele. Um biógrafo que escreve sobre alguém que já não está mais presente conversa com aqueles que ou conheciam o assunto ou pelo menos sabiam algo a partir da experiência daqueles que o conheciam. Nós também podemos *entrevistar* os contemporâneos de Jesus para esclarecer nossa visão sobre Ele. Vamos nos voltar primeiro a um homem que conhecia bem Jesus, o apóstolo João.

O ponto de vista do apóstolo João

O apóstolo João se prontificou realmente a demonstrar que Jesus era Deus? Para começar a responder essa pergunta, voltemo-nos primeiro às palavras iniciais do evangelho de João.

> *No princípio era o Verbo, e o Verbo estava com Deus, e o Verbo era Deus. Ele estava no princípio com Deus. Todas as coisas foram feitas por intermédio dele, e, sem ele, nada do que foi feito se fez. A vida estava nele e a vida era a luz dos homens (1:1-4).*

Uma vez que entendemos o que João quis dizer com o termo *Verbo*, fica difícil enxergar qualquer coisa nesta passagem além da deidade de Jesus. Aqui, como em outras três passagens no Novo Testamento (João 1:14; 1 João 1:1; Apocalipse 19:13), a designação *Verbo* ou *Logos* refere-se especificamente a Jesus. O fato de que João refere-se a Jesus torna-se claro quando olhamos o versículo 14, onde ele disse, "E o Verbo se fez carne e habitou entre nós..." Observe no evangelho de João 1:1-4 que as seguintes características de Jesus são traços exclusivos de Deus.

"NO PRINCÍPIO..."

Qualquer um nos dias de João que tivesse familiaridade com as Sagradas Escrituras teria reconhecido sua alusão ao livro que agora chamamos de Gênesis. Naquela época, Gênesis era comumente mencionado de "No princípio...", portanto o leitor do evangelho de João pensaria automaticamente no registro da criação e sua presunção sobre a eternalidade de Deus. João ousadamente declarou que Jesus estava com Deus antes do começo do mundo.

"...E O VERBO ESTAVA COM DEUS..."

Esta oração indica que ainda que Jesus fosse Deus, Ele era uma entidade distinta que tinha, como a preposição *com* infere, comunhão e relacionamento com Deus o Pai.

"...E O VERBO ERA DEUS"

Aqui está: uma afirmação definitiva da deidade de Jesus. Isto não diz que Ele era "um Deus", como alguns sugerem. Essa versão desta sentença é resultado de uma interpretação débil do fato de que a palavra grega *theos* (Deus) aparece aqui sem o artigo definido o. Aqueles que assim o fazem não conseguem reconhecer que João omitiu *o* artigo para ressaltar que Jesus é Deus, assim como o Pai é Deus. Caso ele tivesse utilizado o artigo *o*, teria inferido que apenas Jesus é *O* Deus. No entanto, aqueles que negam a deidade de Cristo continuam insistindo em interpretar esta frase como "um deus".

Há dois problemas com isto. Primeiro, o Novo Testamento está repleto de referências a Deus sem o uso de um artigo definido no grego (282 vezes). Na verdade, até mesmo os tradutores que vertem João 1:1 para que se leia "um deus" traduzem exatamente a mesma frase como "Deus" em 94% dos outros 281 casos. Para serem consistentes, estes casos deveriam afirmar "um deus". Essa construção ocorre 20 vezes só no evangelho de João. Então, João 1:18 deveria ser traduzido, "Ninguém jamais viu a *um deus*?"

Além dos problemas com a gramática, há outra dificuldade colocada por esta má tradução. Se realmente o versículo fosse traduzido como "um deus", seríamos colocados diante de um conceito de politeísmo que é completamente estrangeiro a qualquer coisa na fé cristã. Se Jesus é "um deus", deve haver outros. As Escrituras, no entanto, são claras nesta questão: Há apenas um Deus. Chamar Jesus de "um deus" entre outros deuses seria inaceitável para o leitor do primeiro século como é para o teísta do século 21. Os contemporâneos de João eram completamente educados no monoteísmo e qualquer desvio dessa doutrina bem estabelecida seria rejeitada.

"TODAS AS COISAS FORAM FEITAS POR INTERMÉDIO DELE..."

Quem além de Deus pode receber o crédito da criação? Recorrendo novamente ao primeiro versículo de Gênesis, somos lembrados que "...criou Deus os céus e a terra". E agora João revelou Jesus como o agente ativo na criação. De que outra forma isso pode ser conciliado a não ser concluir que Jesus o Salvador é também Deus o Criador?

O ponto de vista do apóstolo Paulo

João não era o único a dizer que Jesus era Deus. O apóstolo Paulo fez também dessa doutrina uma grande parte de seus escritos. Aqui está uma amostra de versículos escritos por Paulo que atribuem deidade a Jesus.

ROMANOS 9:5

"...deles descende o Cristo, segundo a carne, o qual é sobre todos, Deus bendito para todo o sempre". Não há ginástica interpretativa que possa negar a simples gramática deste versículo que afirma que Jesus é Deus.

FILIPENSES 2:5-6

"Tende em vós o mesmo sentimento que houve também em Cristo Jesus, pois ele, subsistindo em forma de Deus, não julgou como usurpação o ser igual a Deus." Aqui temos uma imagem de Jesus em Suas duas naturezas essenciais — como Deus e como homem. Primeiro, Ele já havia existido sempre como Deus em Sua natureza essencial. Segundo, Ele voluntariamente deixou de lado a majestade e a glória de ser Deus para tornar-se Deus-homem — o Servo humilde que foi obediente à morte. Jesus, então, era Deus e permaneceu sendo Deus por natureza, mesmo quando se tornou um homem na terra.

FILIPENSES 2:10-11

"...para que ao nome de Jesus se dobre todo joelho, [...] e toda língua confesse que Jesus Cristo é Senhor, para glória de Deus Pai". Deus não permitiria que ninguém além de si mesmo fosse adorado. Permitir que as pessoas adorassem alguém inferior a Ele seria violar o primeiro mandamento (Mateus 4:10).

COLOSSENSES 2:9

"...porquanto, nele, habita, corporalmente, toda a plenitude da Divindade." A essência total da deidade está completamente em Jesus. Ele era plenamente Deus enquanto era plenamente homem. Este ensinamento foi uma refutação de um antigo ensinamento chamado de Gnosticismo.

1 TIMÓTEO 3:16

"Evidentemente, grande é o mistério da piedade: Aquele que foi manifestado na carne foi justificado em espírito, contemplado por anjos, pregado entre os gentios, crido no mundo, recebido na glória." O Deus que foi manifestado em carne era Jesus, pois Ele fez tudo o que este versículo disse que Ele fez.

TITO 2:13

"...aguardando a bendita esperança e a manifestação da glória do nosso grande Deus e Salvador Cristo Jesus". Em uma tradução literal a gramática desta sentença indica que Paulo estava se referindo a apenas uma pessoa aqui: Deus o Filho.

3 O que o Novo Testamento diz

Guia de estudo
leia as páginas 21–25

PARA MEMORIZAR

João 1:1

"No princípio era o Verbo, e o Verbo estava com Deus, e o Verbo era Deus."

Entender as alegações que o Novo Testamento faz sobre quem Jesus é.

Quebra-gelo

Qual biografia você leu recentemente? Você sabe se o escritor conseguiu a maioria de sua informação conversando sobre o assunto ou em pesquisas independentes?

Reflexão

1. Um elemento chave para entender o livro biográfico escrito por João sobre Jesus era o fato de João conhecer Jesus muito bem. Como você acha que João se sentiu, quando escreveu aqueles primeiros versículos de seu livro por saber que estava escrevendo que seu bom amigo era deidade?

2. Paulo teve uma experiência diferente, pois não teve a chance de estar com Jesus enquanto Ele ministrava em Jerusalém e na Galileia. De que maneira isso afetou o que Paulo escreveu sobre Jesus? Onde ele conseguiu sua informação?

3. O que Paulo escreveu em suas cartas que atribui deidade a Jesus?

Um passo adiante

Aplicação

Que atributos e características de Deus são vistos em Jesus nestas passagens?

Colossenses 1:15-17

Apocalipse 1:18

Aprofundamento — Leitura: Filipenses 2:5-11

5Tende em vós o mesmo sentimento
que houve também em Cristo Jesus,
6pois ele, subsistindo em forma de
Deus, não julgou como usurpação o
ser igual a Deus; 7antes, a si mesmo
se esvaziou, assumindo a forma de
servo, tornando-se em semelhança
de homens; e, reconhecido em figura
humana, 8a si mesmo se humilhou,
tornando-se obediente até à morte e
morte de cruz. 9Pelo que também
Deus o exaltou sobremaneira e lhe
deu o nome que está acima de todo
nome, 10para que ao nome de Jesus
se dobre todo joelho, nos céus, na
terra e debaixo da terra, 11e toda
língua confesse que Jesus Cristo é
Senhor, para glória de Deus Pai.

1. O que Paulo quer dizer quando diz que Jesus estava "...em forma de Deus..."? (v.6). De que maneira Jesus está "...em forma de Deus..."? __________

2. Por que não seria "roubo" Jesus dizer que Ele é "...igual a Deus"? De que maneira Jesus é "...igual a Deus"? (v.6). __________

3. Que acontecimento Paulo está retratando quando diz "...ao nome de Jesus se dobre todo o joelho..."? (v.10). __________

Momento de oração

Na página seguinte, utilize o artigo do *Pão Diário* como guia para o devocional e momento de oração, relacionando o tema com Jesus.

Refletir

Você acha que os cristãos pensam em Jesus, mais frequentemente como um homem perfeito morrendo por homens pecadores ou como Deus Todo-poderoso morrendo na cruz? Por que isso acontece? __________

Com que frequência olhamos adiante para a "...bendita esperança e a manifestação da glória do nosso grande Deus e Salvador Cristo Jesus" (Tito 2:13)? Como um estudo sobre a deidade de Cristo pode nos deixar mais ansiosos pela volta de Jesus? __________

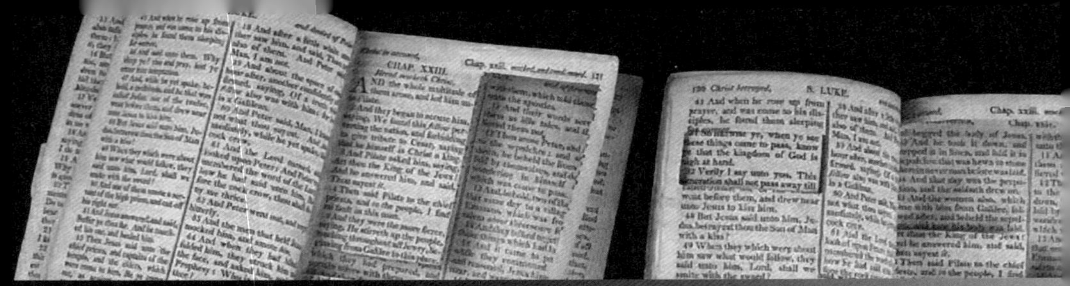

O verdadeiro Jesus

Quem Jesus é? Observando as maneiras como Ele é retratado nos dias de hoje é quase impossível reconhecê-lo como o Jesus da Bíblia. Alguns grupos adicionam informações àquilo que a Bíblia diz sobre Ele, enquanto outros o diminuem à simples humanidade, afirmando que Jesus foi simplesmente um mestre sábio ou moralista. Alguns gostariam de fazê-lo desaparecer por completo.

Mas nada disso é novidade. Isso acontece há mais de dois mil anos. Faz-me recordar de Thomas Jefferson, o autor da Declaração de Independência dos Estados Unidos. Ele folheou os evangelhos do Novo Testamento destacando todas as referências à deidade de Jesus e ao sobrenatural. Até hoje este fato é conhecido como a Bíblia de Jefferson. Mesmo em tempos recentes, as pessoas abordam os evangelhos de maneira semelhante.

Quando Jesus perguntou aos Seus Doze discípulos o que as pessoas estavam dizendo sobre quem Ele era, alguns responderam que Ele era Elias, Jeremias e João Batista, mas todas estas respostas eram inadequadas. Pedro estava certo quando disse, "...Tu és o Cristo, o Filho do Deus vivo" (Mateus 16:16).

Não seja enganado por descrições de Jesus que você lê, vê ou ouve e são vagas, diminuídas ou falsas. Apegue-se à Bíblia. Quando as pessoas tentam minimizar a identidade de Jesus Cristo, diga-lhes sem qualquer dúvida quem é o verdadeiro Jesus!

—*Dave Egner*

MATEUS 16:16

"Respondendo Simão Pedro, disse: Tu és o Cristo, o Filho do Deus vivo."

Acesse *Pão Diário* em **www.ministeriosrbc.org**

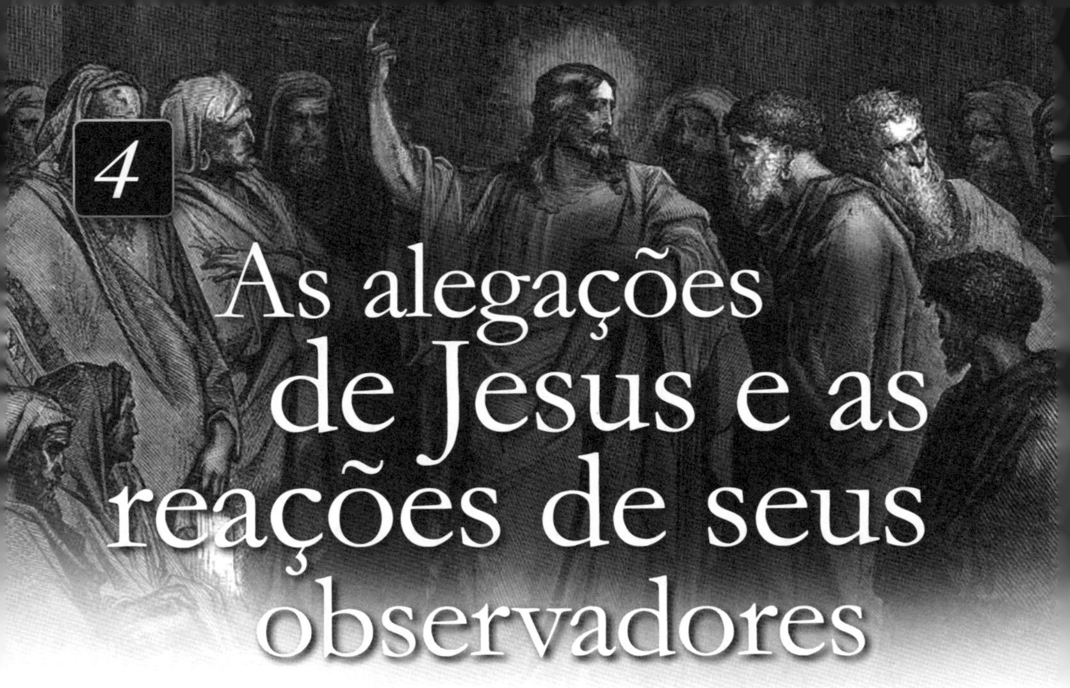

4

As alegações de Jesus e as reações de seus observadores

As afirmações no Novo Testamento sobre a deidade de Jesus poderiam ter sido feitas por alguns seguidores mal orientados? Esses escritores poderiam ter interpretado mal os sinais? Talvez o desejo deles de adorar alguém fosse tão forte que desenvolveram por si próprios a ideia da deidade de Jesus. Talvez tenham entendido mal a missão de Jesus na terra. Se for esse o caso, com certeza, estavam em boa companhia! O próprio Jesus também declarou que era Deus.

Jesus falou algumas vezes em termos e frases que deixaram Seus ouvintes incertos em relação ao que Ele queria dizer, e isto pode ser visto em certos diálogos entre Jesus e Seus discípulos. Dá para imaginá-los se afastando de algumas destas discussões com Jesus, coçando suas cabeças devido a algum conceito difícil de compreender que Ele acabara de fornecer-lhes.

Entretanto, quando Jesus falou de Sua deidade com aqueles que não eram Seus seguidores, eles não ergueram os braços para coçar suas cabeças, mas os abaixaram para apanhar pedras, pois sabiam exatamente quem Ele estava afirmando ser e queriam apedrejá-lo por isso.

As alegações de Jesus

JOÃO 10

Um bom exemplo disso está no evangelho de João 10. Conforme Jesus caminhava pelo templo, alguns judeus o interpelaram, "...Se tu és o Cristo, dize-o francamente" (v.24). A resposta imediata de Jesus não deixou qualquer dúvida. Ele disse:

> *...Já vo-lo disse, e não credes. As obras que eu faço em nome de meu Pai testificam a meu respeito. Mas vós não credes, porque não sois das minhas ovelhas. As minhas ovelhas ouvem a minha voz; eu as conheço, e elas me seguem. Eu lhes dou a vida eterna; jamais perecerão, e ninguém as arrebatará da minha mão. Aquilo que meu Pai me deu é maior do que tudo; e da mão do Pai ninguém pode arrebatar. Eu e o Pai somos um (vv.25-30).*

Os judeus tinham, claramente, um grande problema com esta afirmação. Eles sabiam que a lei do Antigo Testamento determinava a morte de qualquer um que alegasse deidade. E eles entenderam que era exatamente isso que Jesus estava fazendo e sabiam o que Cristo queria dizer quando chamou Deus de "Meu Pai" e não *nosso* Pai (v.25), alegando ser capaz de conceder vida eterna (v.28), e quando disse, "Eu e o Pai somos um" (v.30).

As alegações de Jesus deixaram os judeus sem rumo. Não havia dúvida em suas mentes sobre as palavras de Jesus. Na verdade, eles lhe disseram que estavam reunindo munição porque, como disseram, "...sendo tu homem, te fazes Deus a ti mesmo" (v.33).

JOÃO 8

Uma conversa anterior entre Jesus e um grupo diferente trouxe resultados semelhantes. Numa confrontação que deve ter criado alta tensão, os judeus acusaram Jesus de estar possuído por um demônio. No diálogo que se seguiu, Jesus disse: "Abraão, vosso pai, alegrou-se por ver o meu dia, viu-o e regozijou-se" (v.56). Os judeus não podiam acreditar no que ouviam. Eles queriam saber como um homem que não tinha nem 50 anos de idade poderia ter visto Abraão.

A resposta de Jesus foi ainda mais perturbadora para os Seus ouvintes. Ele anunciou: "Em verdade, em verdade vos digo que, antes que Abraão existisse, Eu sou" (v.58). Os judeus ficaram chocados. Jesus acabara de dizer-lhes quem Ele era. Ao utilizar o termo Eu sou, Ele indubitavelmente lembrou os judeus da afirmação de Deus a Moisés na sarça ardente em Êxodo 3:14 "...Eu sou o que sou...". Devido à familiaridade com as Escrituras, eles sabiam que Jesus havia declarado Sua deidade — Sua atemporalidade e Sua identidade com Javé. Sabemos que eles entenderam exatamente o que Jesus estava dizendo, porque Ele precisou se esconder e sair rapidamente para evitar ser alvo de suas pedras.

JOÃO 14

Em outra ocasião, Jesus alegou Sua deidade na presença de uma multidão bem mais receptiva. Enquanto comia com os discípulos, Jesus previu a negação de Pedro e garantiu a Tomé que Ele era "...o caminho, a verdade e a vida..." (v.6). Em seguida Felipe pediu-lhe que lhes mostrasse o Pai. Sua resposta é uma declaração inequívoca de deidade. Ele disse, "...Quem me vê a mim vê o Pai..." (v.9), e "Não crês que eu estou no Pai e que o Pai está em mim?..." (v.10).

A reação dos observadores de Jesus

Já vimos que os judeus que ouviram a Jesus sabiam que Ele estava alegando ser Deus. Eles não eram os únicos a entender a ideia. Outros de variados *status* sociais e com graus diferentes de interesse no ministério de Jesus também o ouviram dizer que Ele era Deus. Suas reações e a resposta de Jesus a eles nos dão um estudo interessante.

MATEUS 21

Vejamos uma conversa que ocorreu logo após Jesus esvaziar o templo em Jerusalém. Jesus havia acabado de chegar à cidade e fora bem recebido por uma multidão. As pessoas clamavam continuamente, "...Hosana ao Filho de Davi!..." (v.15). Porém, isto não soou bem aos sacerdotes e escribas. Eles acreditavam que

ENFOQUE

"A Palavra de Deus ensina a suprema e absoluta deidade do Senhor Jesus Cristo com tal simplicidade e força a ponto de colocá-la acima de qualquer dúvida. A verdadeira igreja de Jesus Cristo crê nisso e descansa solidamente nesta verdade. Ainda que as Santas Escrituras sejam a prova maior, final e infalível, talvez a maior prova prática da deidade de Cristo para o cristão esteja em seu próprio relacionamento interior, na experiência e comunhão com o Senhor da glória."

—George Lawlor

Jesus deveria saber que não poderia aceitar esta adoração. Afinal de contas, Ele não tinha familiaridade com o primeiro mandamento?

Observe a reação à pergunta indignada que lhe fizeram: "Ouves o que estes estão dizendo?..." (v.16). Jesus deu-lhes mais para pensar do que haviam barganhado quando Ele contra-atacou com esta referência de Salmo 8:2, "...Sim; nunca lestes: Da boca de pequeninos e crianças de peito tiraste perfeito louvor?" (v.16). Evidentemente, Jesus estava contando a Seus ouvintes que estas palavras de adoração foram preparadas por Deus para a adoração a Deus. Ao aceitar estes "Hosanas," Jesus estava declarando a Sua deidade.

Esta não foi a única vez em que Jesus aceitou a adoração dos outros. Em pelo menos duas outras ocasiões, Ele permitiu que Seus seguidores dessem-lhe o louvor e a honra que podem ser destinados apenas a Deus.

MATEUS 16

O primeiro incidente ocorreu após Jesus pedir aos Seus discípulos que respondessem a algo como uma pesquisa pública do primeiro século. Eles haviam conversado com as pessoas de Cesareia de Filipe, que fica ao norte do Mar da Galileia. Jesus perguntou, "...Quem diz o povo ser o Filho do Homem?" (v.13). Após ouvir uma amostra aleatória de respostas, Ele dirigiu a pergunta diretamente aos Doze, "Mas vós, [...] quem dizeis que eu sou?" (v.15).

Simão Pedro, em ousadia típica, declarou, "...Tu és o Cristo, o Filho do Deus vivo." (v.16). Aqui estava a oportunidade perfeita para Jesus dissipar a ideia crescente de que Ele era algo diferente do que apenas um grande homem. Mas Jesus não faria isso. Em vez disso, elogiou Pedro por sua declaração. Os termos que Pedro usou indicam que Jesus "era da mesma matéria" ou "tinha as mesmas características" que Deus. Sabendo que a confissão de Pedro era uma referência à Sua deidade, Jesus disse: "... Bem-aventurado és, Simão Barjonas, porque não foi carne e sangue que to revelaram, mas meu Pai, que está nos céus" (v.17). Mais uma vez, Jesus deliberadamente recebeu a adoração de um homem.

JOÃO 20

Um segundo diálogo entre Jesus e um de Seus discípulos demonstra, em termos ainda mais específicos, a disposição de Jesus em considerar-se digno de adoração. Aconteceu mais de uma semana depois de Jesus ter ressuscitado dos mortos. Todos os discípulos, menos um, Tomé, haviam visto Jesus. Toda a conversa do mundo não iria convencê-lo de que Jesus estava vivo. Ele tinha que ver pessoalmente o Salvador.

Quando ele e os outros se reuniram cedo na segunda semana após a ressurreição, Jesus repentinamente apareceu entre eles. Ele pediu que Tomé o tocasse para que soubesse com certeza que este era Jesus encarnado. Aparentemente Tomé fez como pedido, pois respondeu, "...Senhor meu e Deus meu!" (v.28). Com estas palavras Tomé resumiu a deidade de Cristo como Senhor e Deus. E como Jesus fez com Pedro, Ele elogiou Tomé por não duvidar de Sua deidade.

Não houve muitas mudanças em dois mil anos. Aqueles que escolhem não aceitar as alegações de Jesus reagem em furor que estremece o chão diante da sugestão de que Jesus é Deus. Por outro lado, aqueles que o conhecem pessoalmente e veem-no por quem Ele é, reagem com louvor e devoção completa ao Homem que é Deus.

4 As alegações de Jesus; as reações dos observadores

Guia de estudo

leia as páginas 29–33

PARA MEMORIZAR

João 8:58

Respondeu-lhes Jesus: Em verdade, em verdade eu vos digo: antes que Abraão existisse, Eu Sou.

Reconhecer que a reação dos observadores de Jesus destacava a Sua deidade.

Quebra-gelo

Ao pensar na sociedade em que vivemos, qual é, em sua opinião, a concepção comum de Jesus entre o público em geral?

Reflexão

1. Quando Jesus disse, "Eu e o Pai somos um" (João 10:30), os Seus ouvintes ficaram extremamente agitados. O que mais os irritou sobre esta afirmação?

2. Qual é o significado de Jesus haver utilizado estas duas palavras em João 8:58: "Eu Sou." Por que Seus ouvintes judeus lutaram tanto com o que estas duas palavras indicavam?

3. Em João 20:28-29, qual é o significado da reação de Jesus à proclamação de Tomé?

Um passo adiante

Aplicação

Discuta sobre como estas passagens provam que Jesus é Deus:

Mateus 9:3-4

Mateus 12:25

João 4:29

Aprofundamento Leitura: João14:1,6-11

1. O que Jesus quis dizer quando falou, "...Eu sou o caminho, e a verdade, e a vida ; ninguém vem ao Pai senão por mim"? (v.6). Por que Jesus diria isso aos discípulos neste momento?

2. Qual é a importância de Jesus chamar Deus de "...meu Pai..."? (v.7).

3. Que ousada alegação Jesus estava fazendo quando disse a Felipe, "...quem me vê a mim vê o Pai..."? (v.9). Jesus disse duas vezes, "...eu estou no Pai e que o Pai está em mim..." (vv.10-11). O que isto significa? De que modo isto prova que Jesus é Deus?

[1]Não se turbe o vosso coração; credes
em Deus, crede também em mim.
[...] [6]Respondeu-lhe Jesus: Eu sou o
caminho, e a verdade, e a vida; nin-
guém vem ao Pai senão por mim. [7]Se
vós me tivésseis conhecido, conhece-
ríeis também a meu Pai. Desde agora
o conheceis e o tendes visto. [8]Repli-
cou-lhe Filipe: Senhor, mostra-nos o
Pai, e isso nos basta. [9]Disse-lhe
Jesus: Filipe, há tanto tempo estou
convosco, e não me tens conhecido?
Quem me vê a mim vê o Pai; como
dizes tu: Mostra-nos o Pai? [10]Não
crês que eu estou no Pai e que o Pai
está em mim? As palavras que eu vos
digo não as digo por mim mesmo;
mas o Pai, que permanece em mim,
faz as suas obras. [11]Crede-me que
estou no Pai, e o Pai, em mim; crede
ao menos por causa das mes-
mas obras.

Momento de oração

Na página seguinte, utilize o artigo do *Pão Diário* como guia para o devocional e momento de oração, relacionando o tema com Jesus.

Refletir

Utilize o artigo do *Pão Diário* na página seguinte como guia para o momento devocional e meditação, relacionando o tema com Jesus.

Será que alguma vez cometemos o mesmo erro de Felipe em não reconhecermos quem Jesus é? Como podemos corrigir esse erro?

Carpinteiro ou Cristo?

Por mais de vinte séculos os cristãos têm proclamado ao mundo, "Jesus é o Cristo!" Mas a resposta de muitos é a seguinte: "Não, Ele foi apenas um carpinteiro."

O que separa estas duas afirmações? Por que algumas pessoas o veem como o Filho de Deus enquanto outras acreditam que Ele era apenas um artesão habilidoso? A resposta, é claro, é fé. Calvin Miller, em seu livro *A Hunger for Meaning* (Ânsia por Significado), escreveu: "Duas estradas se separam diante da pessoa de Cristo. Aqueles na estrada infértil desaparecem no horizonte do tempo, murmurando de fome, afirmando que Ele era apenas um carpinteiro. Os que estão na outra estrada (a estrada da fé) admitem não poder responder a todas as perguntas. Ainda assim, estão em uma peregrinação para cravar uma estaca em um destino prometido. E, de vez em quando, eles param e clamam pela irresistível alegria que os enche e transborda pelas beiradas do significado, 'Ele é o Cristo!'."

Todos nós conhecemos a famosa confissão de fé do apóstolo Pedro no livro de Mateus 16:16, mas você se lembra da confissão de Marta? Após a morte de seu irmão Lázaro, Jesus disse a ela, "...e todo o que vive e crê em mim não morrerá, eternamente. Crês isto?" (João 11:26). A resposta dela foi, "Sim, Senhor, [...] eu tenho crido que tu és o Cristo, o Filho de Deus..." (v.27).

Não permita que o equívoco o impeça de conhecer a Cristo. Reconheça que você é um pecador e confie nele como seu Senhor e Salvador. Ele não é simplesmente um carpinteiro da Galileia. Ele é o Cristo, o Filho de Deus.

—*Dave Egner*

JOÃO 11:27

Sim, Senhor, respondeu ela [Marta], eu tenho crido que tu és o Cristo, o Filho de Deus...

Acesse *Pão Diário* em **www.ministeriosrbc.org**

5

Versículos problemáticos

As várias opiniões das pessoas que rejeitam o ensino de que Jesus é Deus podem ser colocadas em pelo menos duas categorias de crença. Primeiro, há aquelas que não utilizam fonte alguma além da própria imaginação para explicar quem elas acham que Jesus poderia ser. Suas opiniões podem variar de extremamente ridículas (como dizer que Ele era de outro planeta) até razoavelmente lógicas (como dizer que Ele era simplesmente um grande mestre da moral). Mas nunca são solidamente bíblicas. As pessoas nesta categoria parecem estar dispostas a aceitar o registro bíblico quando este nos fala do amor de Jesus pelas pessoas, de Sua misericórdia pelos doentes e de Sua sabedoria para as multidões, mas rejeitam a Bíblia quando sua mensagem sugere que Jesus era Deus.

O outro grupo é composto de pessoas *religiosas* que alegam usar a Bíblia como seu guia, e, no entanto, concluíram que é diferente daquela do cristianismo ortodoxo. As várias seitas estão nesta categoria. Estas pessoas realmente sentem que estão corretas quando concluem que a Bíblia não defende a controvérsia de que Jesus é Deus. Vejamos alguns dos versículos que elas usam para sustentar sua argumentação ou para tentar refutar a doutrina da deidade de Cristo.

JOÃO 14:28

"...Se me amásseis, alegrar-vos-íeis de que eu vá para o Pai, pois o Pai é maior do que eu". Este versículo tem sido usado por alguns grupos para "provar" que Jesus tinha a segunda posição de comando abaixo de Deus. Eles questionam como Jesus pode ser Deus se Deus é maior que o Salvador.

Uma explicação para isso começa ao olharmos para o ensino de Paulo no livro de Filipenses 2:5-8. Paulo disse:

> *Tende em vós o mesmo sentimento que houve também em Cristo Jesus, pois ele, subsistindo em forma de Deus, não julgou como usurpação o ser igual a Deus; antes, a si mesmo se esvaziou, assumindo a forma de servo, tornando-se em semelhança de homens; e, reconhecido em figura humana, a si mesmo se humilhou, tornando-se obediente até à morte e morte de cruz.*

Jesus escolheu deixar de lado alguns de Seus atributos para tornar-se Deus-homem. Ele escolheu subordinar-se — não apenas a Deus, o Pai, mas também ao homem. Este não é um comentário sobre Sua natureza, que, é claro, ninguém pode mudar, mas sim sobre Seu propósito — Sua profissão — em Seu tempo na terra. Assim como ninguém poderia concluir que Jesus tornou-se menor que o homem por ter escolhido tornar-se servo do homem (Marcos 10:45), da mesma forma

ENFOQUE

"Se Jesus não é o próprio Deus, que veio à terra, Sua revelação não é final e pode ser substituída. Se negamos a deidade de Cristo, estamos destinados a tatear para sempre na escuridão de nossa ignorância. Se Jesus não for quem alega ser, Sua morte por nossos pecados não tem valor e não altera de forma alguma o nosso posicionamento diante de Deus."

—Alistair Begg

ninguém deveria concluir que Jesus era menor que Deus porque se sujeitou ao Pai enquanto esteve na terra. O evangelho de João 14:28 não refuta a alegação de Jesus de que é Deus. Antes, demonstra Sua submissão voluntária ao Seu Pai durante os 33 anos que viveu entre os homens.

> **ENFOQUE**
>
> As Escrituras são claras em que como o Filho de Deus eterno Ele é Deus em tudo o que este termo significa e que Ele existiu desde sempre e continuará existindo para todo o sempre. Apesar de Cristo ser apresentado à maioria de Seus observadores em conexão com a Sua vida na terra quando Ele se tornou homem, é claro também que Ele existiu muito antes de ter nascido.
>
> —John Walvoord

APOCALIPSE 3:14

"Ao anjo da igreja em Laodiceia escreve: Estas coisas diz o Amém, a testemunha fiel e verdadeira, o princípio da criação de Deus." O *Amém* deste versículo é obviamente Jesus Cristo. Mas com esse fato estabelecido, aqueles que acreditam na deidade de Cristo começam a traçar caminhos separados daqueles que não acreditam. Aqueles que não acham que Jesus é Deus argumentam que a frase, "...o princípio da criação de Deus..." claramente ressalta que Jesus foi o primeiro ser formado por Deus. Essa presunção apenas seria a morte para a teologia de "Jesus é Deus", pois como poderia alguém que não é eterno ser o eterno Deus? Vamos investigar esta teoria e verificar se ela se mantém.

Primeiro, é essencial um comentário sobre a tradução da frase. No grego lê-se literalmente, "o Começo da criação de Deus". A construção gramatical no grego impossibilita a tradução para "por Deus".

Segundo, a palavra grega para começo (*arché*) infere o papel ativo de criar — não o papel inativo de ser criado. Logo, Jesus é o Iniciador da criação de Deus e não o primeiro ser criado. Esta interpretação apropriada do texto entra em harmonia com outros versículos das Escrituras que nos falam da deidade de Cristo e de Seu papel como Criador.

COLOSSENSES 1:15

"Este é a imagem do Deus invisível, o primogênito de toda a criação." Todos sabem o que é um primogênito. É o bebê nascido primeiro — aquele com os direitos de primogenitura. Bem, algumas vezes é isso que significa. Mas, como muitas palavras, pode também ter outro significado. Pode também denotar ordem, posição ou privilégio. Olhe por exemplo para a afirmação de Paulo três versículos adiante: "Ele é a cabeça do corpo, da igreja. Ele é o princípio, o primogênito de entre os mortos..." (v.18).

Obviamente, a palavra *primogênito* tem significado figurado aqui. Do mesmo modo, no livro de Hebreus 12:23 é utilizada para falar de algo muito diferente do nascimento do primeiro filho numa família.

Mas isso ainda nos deixaria apenas com a possibilidade — não a certeza — de que a palavra primogênito significa *superioridade*. Se todos fossem iguais, qualquer interpretação seria aceitável, porém há outras considerações. Há, notavelmente, dois versículos no mesmo capítulo de Colossenses que apresentam um comentário poderoso. No livro de Colossenses 1:16,17, Paulo disse em referência a Jesus:

ENFOQUE

Por meio da inspiração do Espírito Santo, a Bíblia prevê as objeções daqueles que não são capazes de aceitar seus ensinamentos claros. Em 1 Coríntios, o apóstolo Paulo deixa claro que alguns não aceitarão os princípios básicos da verdade escritos na Palavra de Deus, e influenciaria alguns a rejeitar ensinamentos tão claros como a deidade de Cristo. "Ora, nós não temos recebido o espírito do mundo, e sim o Espírito que vem de Deus, para que conheçamos o que por Deus nos foi dado gratuitamente. Disto também falamos, não em palavras ensinadas pela sabedoria humana, mas ensinadas pelo Espírito, conferindo coisas espirituais com espirituais. Ora, o homem natural não aceita as coisas do Espírito de Deus, porque lhe são loucura; e não pode entendê-las, porque elas se discernem espiritualmente" (1 Coríntios 2:12-14).

—John Walvoord

"...Tudo foi criado por meio dele e para ele. Ele é antes de todas as coisas. Nele, tudo subsiste". Aqui Paulo demarcou claramente uma linha entre a criatura e o Criador. Jesus é claramente diferente da criação porque Ele estava envolvido na criação. O Criador não pode criar-se a si mesmo.

JOÃO 10:34

"Replicou-lhes Jesus: Não está escrito na vossa lei: Eu disse: sois deuses?" Este versículo causa grande celeuma entre aqueles que não querem acreditar que Jesus representa deidade. "E daí que Jesus disse ser Deus?" eles perguntam. "Há muitos deuses. Jesus chamou inclusive seus inimigos de deuses. Portanto, se houver espaço suficiente na teologia de Jesus para deuses que nem mesmo estão do Seu lado, então ser deus não é algo tão exclusivo."

Esse tipo de pensamento, ainda que lógico superficialmente, não reflete o objetivo das palavras de Jesus no evangelho de João 10. Sua afirmação era uma citação do Salmo 82:6, em que Deus é descrito como se estivesse entrando numa assembleia de juízes para condenar o tratamento injusto que estes davam aos outros. A palavra traduzida por *deuses* significa *poderosos*, ou neste caso, *juízes*.

Jesus utilizou esta citação um tanto incomum como parte de um argumento para revelar a hipocrisia de Seus inimigos. Eles não objetaram a afirmação de Asafe que se referia a juízes humanos como *deuses*, contudo delataram este que é Impecável quando Ele reivindicou o título de "Filho de Deus."

5 Versículos problemáticos

Guia de estudo

leia as páginas 37–41

Examinar versículos que alguns utilizam para negar a deidade de Jesus Cristo.

PARA MEMORIZAR

1 João 5:20: Também sabemos que o Filho de Deus é vindo e nos tem dado entendimento para reconhecermos o verdadeiro; e estamos no verdadeiro, em seu Filho, Jesus Cristo. Este é o verdadeiro Deus e a vida eterna.

Quebra-gelo

Algumas passagens bíblicas parecem contradizer-se. Dê um exemplo. Por que tais aparentes contradições existem?

Reflexão

1. Por que algumas pessoas aceitam Jesus como um homem bom, até mesmo como um homem perfeito, mas rejeitam a Sua deidade?

2. Jesus disse, "…o Pai é maior do que eu" (João 14:28). Como sabemos que Ele não estava afirmando que o Pai é um ser mais elevado que Ele — que ambos não são igualmente Deus?

3. Alguns dizem que Apocalipse 3:14 e Colossenses 1:15 sugerem que Jesus foi o primeiro ser formado por Deus, o que significaria que Ele não poderia ser Deus. Como o texto (pp.39-40) prova o contrário?

Um passo adiante

Aplicação

Como os versículos a seguir confirmam que Jesus é Deus?

Mateus 18:20

Mateus 28:18

João 2:24

Aprofundamento — Leitura: João 10:31-37,39

1. De qual crime os judeus que observavam Jesus o acusaram? Por que eles fizeram isso? (vv.22-30.)

2. A resposta de Jesus nos versículos 34-36 cita o Salmo 82:6 e o uso que Deus faz da palavra "deuses" para referir-se a juízes que agiam injustamente. De que maneira esta citação de Jesus refere-se à questão dos judeus duvidarem de que Ele é Deus?

3. Como os judeus reagiram às explicações de Jesus? (v.39). Compartilhe algo que você tenha testemunhado, uma reação negativa à afirmação de que Jesus é Deus.

31Novamente, pegaram os judeus
em pedras para lhe atirar. 32Disse-
-lhes Jesus: Tenho-vos mostrado
muitas obras boas da parte do Pai;
por qual delas me apedrejais? 33Res-
ponderam-lhe os judeus: Não é por
obra boa que te apedrejamos, e sim
por causa da blasfêmia, pois, sendo
tu homem, te fazes Deus a ti
mesmo. 34Replicou-lhes Jesus: Não
está escrito na vossa lei: Eu disse:
sois deuses? 35Se ele chamou deuses
àqueles a quem foi dirigida a pala-
vra de Deus, e a Escritura não pode
falhar, 36então, daquele a quem o
Pai santificou e enviou ao mundo,
dizeis: Tu blasfemas; porque decla-
rei: sou Filho de Deus? 37Se não
faço as obras de meu Pai, não me
acrediteis; [...]. 39Nesse ponto, pro-
curavam, outra vez, prendê-lo; mas
ele se livrou das suas mãos.

Momento de oração

Na página seguinte, utilize o artigo do *Pão Diário* como guia para o devocional e momento de oração, relacionando o tema com Jesus.

Refletir

Ao orarmos, é mais importante orarmos ao Deus Pai, Deus Filho ou Deus Espírito Santo?

Você se sentiria confortável se alguém lhe perguntasse: Você pode explicar por que acredita que Jesus é Deus? Quais seriam as suas evidências?

Alfa e Ômega

O significado das palavras Alfa e Ômega — termos que se referem a primeira e a última letra do alfabeto — são muito fáceis para compreender. Como A e Z simplesmente significam o "início e o fim".

Na vida, compreendemos estes conceitos. As coisas começam e terminam. Os trabalhos se iniciam e se encerram. As décadas vêm e vão. Nascimento... morte.

Mas há algo especial e singular sobre as palavras Alfa e Ômega que aparecem no livro de Apocalipse 1:8,11; 21:6; 22:2-13. Jesus Cristo usou estes termos para descrever-se a si mesmo — são termos que se referem à Sua deidade.

Quando usadas nas Escrituras, as palavras têm um significado quase impenetrável. Jesus, o Alfa, não teve começo. Ele existiu antes dos tempos, antes da criação do universo (João 1:1). Como primeiro de tudo o que existe (vv.2,3) Jesus não pode ser limitado pela palavra Alfa. E como Ômega, Ele não é o "fim" da maneira que o conhecemos. Ele continuará a existir no futuro eterno e infindável.

Esta visão do Senhor é incompreensível e inspiradora. Ele é "...aquele que é, que era e que há de vir..." (Apocalipse 1:8). Ele é o Alfa e o Ômega, o Todo-Poderoso Deus. Não apenas isso, mas Ele é o nosso Salvador (Tito 2:13). E como tal, Ele merece os nossos louvores, as nossas vidas e tudo o que somos!

—Dave Branon

Apocalipse 1:8

"Eu sou o Alfa e Ômega, diz o Senhor Deus, aquele que é, que era, e que há de vir, o Todo-Poderoso."

Acesse *Pão Diário* em **www.ministeriosrbc.org**

6

O que você pode dizer sobre Jesus?

Suponhamos que você esteja pesquisando numa livraria e encontre um livro sobre integridade. Você dá uma olhada no sumário, olha algumas páginas, espia o último capítulo e decide que essa seria uma aquisição valiosa para sua biblioteca. Você o paga, leva para casa e começa a ler. Fascinado pelas abordagens do autor você começa a tomar notas, ávido para aprender tudo o que puder sobre integridade, para desta maneira, aumentar seu nível de honestidade e lealdade — algo que nunca se tem em excesso.

Obviamente o escritor conhece seu assunto, então você deveria poder descobrir um pouco sobre ele. Você vira o livro e começa a ler a contracapa que diz algo como, "O autor, que alega ser a pessoa mais inteligente que ainda vive, acha que é o rei do seu país. O autor, que veio de uma galáxia distante até este planeta, gosta de pintar obras-primas, escrever clássicos e fechar negócios imobiliários de bilhões entre uma atividade e outra."

Fechando o livro com força, você correria de volta à livraria para ser reembolsado ou encontraria o caminho mais curto até a lata de lixo mais próxima. Ao descobrir o que este autor pensa sobre si mesmo, você já não confiaria mais em nenhuma palavra que ele dissesse. Suas palavras sobre integridade e honestidade seriam tão valiosas quanto uma dissertação sobre física nuclear escrita por um jogador de futebol.

Que relação essa história esquisita tem com Jesus Cristo? Ela ilustra como teríamos que reagir à Bíblia se Jesus não fosse Deus. Demonstra a incredulidade que expressaríamos com a história de Jesus se Ele não fosse realmente o Deus-homem. Demonstra a necessidade do homem em contrapor as palavras de uma pessoa ao seu caráter. Se não pudermos confiar no caráter de alguém, será impossível confiar em suas palavras. Da mesma forma, a autenticidade e integridade de caráter são verificadas por palavras fidedignas.

Ao aplicarmos este teste a Jesus, devemos revisar dois fatores. Primeiro, a vida e os ensinos de Jesus são modelos de integridade e bondade. Este fato é reconhecido quase que universalmente. Seus atos de cura aos enfermos, ressurreição dos mortos e demonstração de amor gentil se igualam aos Seus ensinos sobre bondade, compaixão e moralidade. Logo, pode-se concluir que Jesus é uma pessoa moral e fidedigna.

O segundo fator a ser considerado é que Jesus alegou ser igual a Deus, ser o Filho de Deus, ser Deus. Estas alegações foram verificadas pelas palavras e ações de Seus seguidores e contestadas pelas palavras e ações de Seus inimigos.

Estes dois fatores nos deixam com apenas três opções razoáveis sobre quem Jesus é.

1 UM LUNÁTICO ILUDIDO

Se Jesus não é Deus, Ele poderia ser acusado de ter ilusões de grandeza de acordo com as coisas que Ele disse. (Exemplo: Ele alegou onipotência, onisciência, onipresença e a capacidade de perdoar pecados.) No entanto, aqueles que o conheciam melhor reconheceram que as alegações de Jesus e Sua afirmação de deidade não eram estranhas. Eles sabiam que o que Ele falou sobre si mesmo correspondia perfeitamente a quem Ele lhes demonstrava ser.

2 UM GRANDE MENTIROSO

Se Jesus não é Deus, então Ele devia estar mentindo. Neste caso, Ele teria que saber que não era quem alegava ser, o que torna gradativamente mais difícil aceitar quanto mais olharmos para Sua vida. Como Ele poderia, em uma ocasião ou outra, transmitir a essência de honestidade e credibilidade se neste ponto principal Ele continuasse mentindo? Como Ele poderia enganar tantas pessoas tementes a Deus fazendo algo tão impiedoso? Como poderia alguém aparentemente tão moral ser um mentiroso de tamanha grandeza?

3 DEUS

O que Jesus disse e o que Ele fez sustentam mais firmemente esta opção. Jesus cumpriu as profecias sobre aquele que seria Deus na terra. Ele manifestou os atributos do Deus eterno. Homens pecadores o reconheceram como sem pecado. Ele conhecia as Escrituras como nenhum outro e fez coisas que apenas Deus poderia fazer. Um lunático pode alegar qualquer coisa, mas não pode agir conforme suas alegações. Jesus pôde. Um mentiroso pode jogar incríveis jogos mentais com as pessoas, mas não pode provar nada do que diz. Jesus, no entanto, nasceu onde o Deus-homem deveria ter nascido, viveu como o Deus-homem deveria ter vivido, morreu como o Deus-homem deveria morrer e viveu novamente como somente o Deus-homem poderia.

Do que você chama Jesus? Você só tem as três opções. Mas tenha cuidado. Chamá-lo de qualquer coisa que não seja Deus colocará sua alma eterna em sério risco. Somente quando você reconhece que Jesus é Deus pode vê-lo como a fonte de vida. Apenas quando você confia em toda a Palavra de Deus — não apenas em relação à vida de Jesus, mas também em relação à Sua deidade — entenderá a importância de Sua morte. Tenha cuidado como você chama Jesus. Sua vida eterna depende disso.

O que você não pode dizer

"Estou aqui tentando impedir que alguém diga algo realmente tolo que as pessoas geralmente dizem sobre Ele: "Estou pronto para aceitar Jesus como um grande mestre da moral, mas não aceito Sua alegação de que é Deus." Essa é a única coisa que não devemos dizer. Um homem que era simplesmente um homem e disse o tipo de coisas que Jesus disse não seria um grande mestre da moral. Ele seria ou um lunático — no mesmo nível de um homem que diz ser um ovo cozido — ou então o diabo em pessoa. Você precisa escolher. Ou esse homem era, e é, o Filho de Deus — ou não passa de um louco ou coisa pior. Você pode querer calá-lo por ser um louco, você pode cuspir nele e matá-lo por ser um demônio; ou você pode cair aos Seus pés e chamá-lo de Senhor e Deus. Mas não venhamos com absurdos paternalistas sobre Ele ser um grande mestre humano. Ele não nos deixou essa opção.

Somos confrontados então, com uma alternativa assustadora. Este homem de quem estamos falando era (e é) exatamente o que dizia ser ou um lunático, ou até coisa pior. Ora, parece-me óbvio que Ele não era nem lunático nem um demônio; e consequentemente, por mais estranho, assustador ou improvável que pareça, preciso aceitar a ideia de que Ele era e é Deus."

—*Cristianismo Puro e Simples* de C. S. Lewis (Martins Fontes, 2005)

Uma palavra final

"Temos evidências suficientes diante de nós para concluir que a automanifestação de Jesus de que Ele sabia quem era, o que declarava e demonstrava ser, revela que aquele que está por detrás de tudo nos evangelhos é uma Pessoa divina, que veio para cumprir uma vocação singular. Os ensinamentos que Ele deu, as obras que executou e também as orientação que dá, a autoridade que exerce, o conhecimento que possui e a posição em que se coloca, refletem Jesus em cada detalhe. Ele é exatamente aquele que sabemos que Deus deveria ser e que sentimos que Deus seria nas esferas da vida e experiência humana. Quando, no entanto, perguntaram a Ele se Ele era o Cristo, o Filho de Deus, o Filho do Deus Bendito (Lucas 22:70; Marcos 14:61), Ele não hesitou ao responder. Ele sabia que era; e foi isso que disse."

—*Jesus: Human and Divine* de H. D. McDonald (Jesus: Humano e Divino)

O que você pode dizer sobre Jesus

Guia de estudo 6

leia as páginas 45–49

PARA MEMORIZAR

Mateus 16:13,

"Indo Jesus para os lados de Cesareia de Filipe, perguntou a seus discípulos: Quem diz o povo ser o Filho do Homem?"

Reconhecer que as autoalegações de Jesus nos deixam apenas uma opção.

Quebra-gelo

Por que não há nenhuma controvérsia em torno de personalidades históricas como Abraham Lincoln ou Mahatma Gandhi com relação às suas verdadeiras identidades e quem eles realmente eram? Por que a verdadeira identidade de Jesus é tão debatida?

Reflexão

1. Que argumento o autor Dave Branon está desenvolvendo quando escreve, "Se não pudermos confiar no caráter de alguém, será impossível confiar em suas palavras"? (p.46). Como o caráter de Jesus prova Sua alegação de deidade?

2. Você já pensou nas três opções que existem sobre quem Jesus é: um lunático iludido, um grande mentiroso ou Deus? Como você pode usar este argumento lógico com aqueles que veem Jesus como nada além de um grande homem?

3. Por que você concordaria ou discordaria de C. S. Lewis quando ele diz que não devemos dizer "Estou pronto para aceitar Jesus como um grande mestre da moral, mas não aceito Sua alegação de que é Deus"? (p.48).

Um passo adiante

Aplicação

Considere as implicações divinas destes versículos:

Tiago 2:11

João 5:20

Aprofundamento — Leitura: Mateus 16:13-17

1. Por que Jesus queria que os discípulos lhe dissessem quem as pessoas pensavam que Ele era? (v.13). Por que as pessoas pensariam que Jesus era João Batista ou Elias?

2. O que Pedro quis dizer quando disse que Jesus é "...o Cristo..."? (v.16).

3. Se Jesus perguntasse a você agora: "Quem você diz que Eu sou?". Qual seria a sua resposta?

13 Indo Jesus para os lados de Cesa-
reia de Filipe, perguntou a seus dis-
cípulos: Quem diz o povo ser o Filho
do Homem? 14E eles responderam:
Uns dizem: João Batista; outros:
Elias; e outros: Jeremias ou algum
dos profetas. 15Mas vós, continuou
ele, quem dizeis que eu sou? 16Res-
pondendo Simão Pedro, disse: Tu és
o Cristo, o Filho do Deus vivo.
17Então, Jesus lhe afirmou: Bem-
-aventurado és, Simão Barjonas,
porque não foi carne e sangue que to
revelaram, mas meu Pai, que está
nos céus.

Momento de oração

Na página seguinte, utilize o artigo do *Pão Diário* como guia para o devocional e momento de oração, relacionando o tema com Jesus.

Refletir

Você já reconheceu que Jesus é o Salvador — o único que pode perdoar seus pecados e garantir sua eternidade com Ele no céu?

De que maneira este estudo ampliou sua visão de Jesus e o ajudou a vê-lo como o Deus Criador que Ele realmente é? Como isso pode mudar sua visão de Sua mensagem para proclamar Seu evangelho?

Jesus: Único

Uma pessoa recém-convertida ao cristianismo enviou um *e-mail* a um site que responde a perguntas sobre fé. Ela escreveu, "...luto com a alegação dos cristãos sobre Jesus Cristo ser o único caminho para o céu e para Deus. O que acontecerá àqueles que creem em algo diferente?"

Este tipo de pergunta nos desafia a examinar nossa visão de Jesus. Uma revisão das Escrituras sobre Jesus e Sua singularidade pode nos ajudar a permanecer firmes em nossa crença de que Ele é o único caminho.

Ninguém supera Jesus na história — Seu próprio ser clama para que confiemos nossas vidas a Ele.

Jesus Cristo é único. Singular em essência: Apenas Ele é ambos, Deus e homem (João 10:30). Singular em profecia: A vida de nenhum outro líder foi predita de maneira tão clara e exata (Miqueias 5:2). Singular em missão: Apenas Jesus veio para nos salvar de nossos pecados (Mateus 1:21). Singular em nascimento: Jesus foi o único a nascer de uma virgem (Mateus 1:23). Singular em capacidade: Ninguém além de Jesus tem o poder de perdoar pecados (Marcos 2:10). Singular em existência: Apenas Jesus existiu antes do princípio (João 1:1,2). Singular em posição: Ninguém mais é igual a Deus (Filipenses 2:5,6). Singular em reino: Apenas Jesus reina para sempre (Hebreus 1:8).

Ninguém na história é como Jesus. Somente Ele merece nossa confiança e apenas Ele é o caminho para Deus.

—*Dave Branon*

COLOSSENSES 2:9

"...porquanto, nele, habita, corporalmente, toda a plenitude da Divindade."

Acesse *Pão Diário*: **www.ministeriosrbc.org**

7 O que você diz sobre Jesus?

A pergunta que você deve responder é simples. Não é "O que você acha de certa religião?"

Nem, "O que você acha dos cristãos?"

Nem, "Que boas obras você praticou ultimamente?"

Nem, "Quais são as tradições de sua igreja?"

A pergunta que fica entre todos os seres humanos e Deus é esta: "O que você fará em relação a Jesus?"

Jesus disse: "...Eu sou o caminho, e a verdade, e a vida; ninguém vem ao Pai senão por mim" (João 14:6). Paulo e Silas disseram, "...Crê no Senhor Jesus e serás salvo, tu e tua casa" (Atos 16:31). Lucas escreveu, "E não há salvação em nenhum outro; porque abaixo do céu não existe nenhum outro nome, dado entre os homens, pelo qual importa que sejamos salvos" (Atos 4:12). E Paulo disse que "...Deus estava em Cristo reconciliando consigo o mundo..." (2 Coríntios 5:19).

A mensagem é clara: A fé em Jesus é o único caminho para Deus. Então o que você vai fazer a respeito disso? Você permitirá que as palavras enganadoras de um filósofo façam você desconfiar do Salvador? Permitirá que uma armadilha da tradução o leve a rejeitar Jesus? Permitirá ainda que as elucubrações de meros seres humanos tenham mais peso do que a mensagem do Deus Todo-poderoso?

Por favor, não permita que isso aconteça. Aceite Jesus conforme a Sua Palavra. Coloque sua fé no sacrifício que Ele fez por seus pecados na cruz do Calvário. Você encontrará a alegria que advém do fato de ser liberto da punição do pecado. O que você fará a respeito de Jesus? Essa é a pergunta mais importante que você responderá.

GUIA DO LÍDER E DO APRENDIZ

Visão Geral Das Lições

ESTUDO	TÓPICO	TEXTO BÍBLICO	LEITURA	PERGUNTAS
1	Difícil de acreditar	*João 10:24-30*	pp.6-9	pp.10-11
2	O que o Antigo Testamento diz	*Isaías 9:6-7*	pp.13-17	pp.18-19
3	O que o Novo Testamento diz	*Filipenses 2:5-11*	pp.21-25	pp.26-27
4	Reações dos Observadores	*João 14:1,6-11*	pp.29-33	pp.34-35
5	Versículos Problemáticos	*João 10:31-37,39*	pp.37-41	pp.42-43
6	O que Você Pode Dizer?	*Mateus 16:13-17*	pp.45-49	pp.50-51

Série mensagens para o púlpito
(para pastores e líderes de igreja)

Embora os estudos bíblicos da série *Descobrindo a Palavra* sejam, principalmente, para estudos individuais e em grupos, alguns pastores podem usá-los como base para uma série de mensagens sobre o mesmo tema. Os tópicos sugeridos e os textos correspondentes da seção Visão Geral das Lições podem ser usados como esboço para sermões em série.

Como usar os estudos bíblicos da série *Descobrindo a Palavra*

Individual — Estudo pessoal

- Leia as páginas indicadas no texto.
- Reflita com atenção e responda as perguntas por escrito.

Pequenos Grupos — Estudos bíblicos

- Para valorizar o encontro do grupo, cada aprendiz deve cumprir as tarefas da lição antes da reunião.
- Tempo recomendado para o estudo: 45-55 minutos.
- Envolva o grupo no debate, buscando a participação de cada um dos aprendizes.

Nota ao leitor

Para receber a sua edição trimestral do *Pão Diário* e as ofertas da série *Descobrindo a Palavra*, contate Ministérios RBC em seu país:

Brasil:
Caixa Postal 4190, 82501-970, Curitiba/PR
Email: brasil@rbc.org • Tel.: (41) 3257-4028

Portugal:
Rua da Cinquenta, 59, 4500-712
Nogueira da Regedoura
Email: portugal@rbc.org • Tel.: 22 489 6232

Para uma lista completa dos endereços de todos os nossos escritórios, acesse:
www.escritorios-rbc.info